Life Power

WOMEN'S WORK

CW00519938

Joanna Dziekan

Life Power
WOMEN'S WORK ZONE

Słowo wstępu:

Witajcie w 10 numerze magazynu **Life Power** — przestrzeni stworzonej specjalnie dla kobiet, które pragną osiągnąć więcej w życiu. Tutaj znajdziecie źródło pomysłów, motywacji i praktycznych wskazówek, które pomogą wam budować świadome życie i wprowadzać pozytywne zmiany.

Naszym celem jest skupienie się na ośmiu kluczowych obszarach życia, aby dostarczyć wam różnorodne artykuły, dotykające różnych aspektów codzienności.

W najnowszym numerze czekają na was pasjonujące treści. Dowiecie się, dlaczego czasami zdaje się, że rozwój osobisty nie przynosi rezultatów, poznacie mity i fakty związane z hipnozą, odkryjecie, jak być delikatną i pełną mocy jednocześnie, oraz jak być sobą zarówno w życiu, jak i w związku. Dodatkowo, zaprosimy was na fantastyczne warsztaty, które sprawią, że rok 2024 stanie się waszym najlepszym rokiem. Przyjrzymy się także tematom związanym z rozwojem osobistym i transformacją, aby pomóc wam rozwijać wasz potencjał.

Celem magazynu Life Power jest inspiracja i wsparcie kobiet w dążeniu do świadomego kształtowania swojego życia oraz wprowadzania pozytywnych zmian. Jeśli szukacie inspiracji, motywacji i praktycznych wskazówek, aby prowadzić zrównoważone i satysfakcjonujące życie, serdecznie was zapraszamy do lektury.

Jesteśmy razem, tworząc społeczność kobiet, które nie boją się zmian i konsekwentnie budują swoje życie. Zachęcamy was do przekraczania granic, podążania za swoimi pasjami i spełniania siebie. Life Power jest tutaj dla was, byście zawsze miały wsparcie i inspirację w dążeniu do spełnienia i sukcesu. Dołączcie do naszej społeczności, razem będziemy tworzyć **lepsze i bardziej świadome życie**.

e-mail: **lifepower.magazyn@gmail.com**
        kontakt@lifepower.pro
fanpage: LifePower
IG: @lifepower.pro
www.lifepower.pro

W imieniu całej redakcji,
Agnieszka Troć

Stopka redakcyjna

Wydawca:	LifePOWER.LTD	Autorzy:
Opracowanie graficzne:	Agnieszka Troć	Agnieszka Troć - redaktor naczelna
Korekta tekstu:	Agnieszka Troć, Oliwier Troć	Anna Bielawska
		Aleksandra Bartoszewicz-Rudzińska
		Ela Byrne
Okładka:	Joanna Dziekan	Ela Senghera
		Kasia Kłosowska i Łukasz Gabrychowicz
		Joanna Dziekan

Spis treści:

Zapraszamy do lektury poprzednich numerów:

1 (05/22)

4 (11/22)

7 (05/23)

2 (07/22)

5 (01/23)

8 (07/23)

3 (09/22)

6 (03/23)

9 (09/23)

Delikatna i pełna mocy

Joanna Dziekan

Ocean doświadczenia i światło świadomości

- Czy wiesz, jakie masz bogactwo wewnętrzne w sobie?
- Czy czujesz, że jest w Tobie coś, co się porusza?
- Czy czujesz się czasami samotna?
- Czy chcesz mieć poczucie wpływu i wkładu w coś większego?
- Czy czujesz, że jesteś kimś więcej, aniżeli jesteś widziana?

To są pytania od Kobiety do Kobiety, które płyną z mojego serca do Ciebie.

Co się dzieje teraz w Twoim wnętrzu, gdy je czytasz? Co czujesz, co widzisz, co słyszysz? Co potrzebuje Twojej uwagi?

Cokolwiek sobie teraz uświadamiasz, NIE JESTEŚ SAMA.

Pomiędzy

Ty i ja jesteśmy razem na tej planecie ZIEMIA, nad nami NIEBO i zawsze jest coś POMIĘDZY. Ta cała przestrzeń jest dostępna dla Ciebie i dla mnie do kreacji z odwagą i do wyłonienia Twojego wewnętrznego bogactwa w Twojej pięknej naturalnej energii, z którą przyszłaś na świat.

Krople mojej historii

Przyszłam na świat zdrowa. Zachorowałam, kiedy miałam dwa miesiące. Miałam trzy miesiące, kiedy znalazłam się w żłobku i tylko dziesięć, kiedy zatrzymano mnie na dłużej w szpitalu. Rodzice mogli mnie zobaczyć tylko przez szybę szpitalnego okna.

Myślę teraz o sobie, o tej małej dziewczynce, której wszyscy bliscy nagle znikają i przesyłam jej fale czułości.

Pomiędzy komorami mojego serca lekarze usłyszeli szmery. Okazało się, że była tam dziura, która musiała się zrosnąć. Jak się okazało później, moje kości również rosły wolniej niż u innych dzieci.

Może dlatego zrodziło się we mnie poczucie odłączenia, braku przynależności do mojej rodziny. Nie wiem tego na pewno. Pamiętam tylko, że przyglądałam się wszystkiemu jak w filmie, w którym gram jakąś rolę. Czułam się nie widziana, nie słyszana, nie kochana, ale nikomu o tym nie powiedziałam.

A jak to było u Ciebie? Przez kogo czułaś się widziana, słyszana i kochana?

Dzięki swojej delikatności wiele czułam, wiele widziałam, jednak przez swoją wrażliwość nieświadomie budowałam w sobie nieadekwatne poczucie odpowiedzialności. Odczuwając energię innych osób, traciłam kontakt ze sobą. Jak w wielu domach nie wolno mi było pyskować ani płakać.

W szkole podstawowej miałam trudności w nauce i przeżywałam dużo stresu. Musiałam nauczyć się dopasowania do otoczenia, pozostawania w cieniu i budowania mocnej zbroi, by chronić moje subtelne wnętrze.

Od poczucia nieświadomej wtedy niemocy uratował mnie zachwyt, obecność ważnych osób i wiele fantastycznych chwil z rodziną na łonie natury.

Obecność to wszystko, co mam najcenniejsze. To wspaniała energia życia. To coś, co podarował mi mój dziadek pewnego popołudnia i to coś, co uratowało mi życie w bardzo ciężkim dla mnie momencie już w dorosłym życiu i wiele razy od tamtego czasu. Ratował mnie jeden obraz, który pozostał mi w podświadomości i w świadomości, że życie jest prawdziwe, że jest ktoś, kto mnie bezwarunkowo kocha i jest prawdziwie obecny. To jest obraz małej dziewczynki, której głowa leży na kolanach dziadka, a on w ciszy daje jej obecność w swojej męskiej delikatności, głaskając ją po głowie.

Odkrywanie mocy i transformacja

Jak większość wrażliwych osób doświadczyłam przemocy, toksycznego związku, manipulacji, przekraczania moich granic, bycia w rolach, które nie są moje plus wiele innych, które odbiły się mocno w mojej podświadomości.

Odkrywanie mocy i transformacja zaczęły się u mnie tak naprawdę, kiedy przyjechałam do Londynu. Tutaj doświadczyłam prawdziwej wolności, sprawczości, kreowania życia z intencją, a także zintegrowania siebie w swojej prawdzie i miłości.

To moje najpiękniejsze lata życia, w których nauczyłam się najwięcej o sobie w relacjach, w procesach rozwoju osobistego, w tworzeniu, w intensywnej nauce na studiach, w pracy zawodowej, w byciu ważną dla siebie. Tu przeogromnie rozwinęłam swoje skrzydła, odkryłam swoje cenne talenty, które zostały zauważone i docenione. Oczywiście było też ciężko, to był też czas przechodzenia przez odrzucenia, złamane serce, załamanie nerwowe, samotność, powstawania z popiołów i stawania w swojej mocy na nowo.

Im więcej doświadczałam spokoju, tym więcej słyszałam swoją wewnętrzną mądrość. Paradoksalnie największe olśnienia przypływały do mnie w ciszy, w bibliotece, gdzie spędzałam wiele godzin, ucząc się do egzaminów lub podczas przebywania w naturze. Zapisywałam je, wdrażałam i podejmowałam coraz lepsze decyzje. Moje zaufanie do intuicji rosło z dnia na dzień, a dobra energia karmiła ciało. W ciszy, w zaufaniu i byciu obecną wyłoniła mi się jasna, długoterminowa wizja, która dawała mi siłę napędową do działania i przynosi owoce do dzisiaj.

Potrzeba zmiany i głos intuicji doprowadziły mnie do decyzji powrotu do Polski po 15 latach mieszkania za granicą. Obfitował on w nowe, jednak niejednokrotnie trudne doświadczenia. Był to czas dużego rozwoju, nowego poznawania siebie, ale też powracających wątpliwości co do dalszej drogi co wpływało bardzo na moje decyzje.

Wbrew pozorom to wszystko okazało się wartościową perłą doświadczeń i wglądów oraz jeszcze większą świadomością jak transformująca jest uważność na przepływ emocji w ciele. Ten trzyletni etap stał się fundamentem do mojej pracy z klientami, osadzeniem mojej misji oraz początkiem do kolejnych odważnych zmian życiowych i biznesowych spójnych z moją duszą.

Cała MOC pochodzi z wnętrza. Zintegrowanie myśli, uczuć w ciele, pragnień z serca i energii, która za nimi podąża, to jedna z najcenniejszych umiejętności, jakiej potrzebujemy. To klucz do transformacji i osiągnięcia wyższego poziomu jakości naszego życia na wszystkich poziomach.

Honoruję i uznaję moją historię. Widzę, jak intuicja mnie prowadziła, kiedy jej ufałam, a kiedy nie. Wybieram więc jej ufać i staję w swojej mocy, żeby nabierać coraz większej odwagi do dalszej ekspansji i życia w obfitości na co dzień w tym co przychodzi.

W naszym życiu nigdy nie jesteśmy sami, zawsze pojawiają się w nim osoby, mentorzy, anioły, które pomagają nam się wznieść wyżej, jeśli im na to pozwolimy. Największy wpływ na mnie miały moja coach, mentorka i mój angielski pracodawca. Dzięki ich obecności i wsparciu łączę dzisiaj dwa profesjonalne zawody z zaangażowaniem, pasją i radością.

Most pomiędzy odłączeniem a połączeniem

Dzisiaj mogę powiedzieć, że przeszłam przez most od odłączenia do świadomego połączenia ze sobą poprzez bogactwo doświadczeń, uważność, czułe widzenie, czucie, wykreowanie sobie własnej obecności, która zawsze mnie prowadzi. Mam do niej wielki szacunek i zaufanie, bo dba o mnie równie czule, zapewnia wspaniałą energię, dzięki której odczuwam spokój wewnętrzny i radość. Ta energia bardzo służy mi w życiu i biznesie.

A Ty kochana skąd, dokąd przeszłaś?

Skąd się wzięła delikatność, skąd się wzięła moc i gdzie jest ich dom?

Delikatność i moc zawsze były we mnie. Jednak nie zawsze były w połączeniu i przez to czasem na zmianę gasły.

Kiedy są oddzielone, mogą być w chaosie, niezrozumieniu, w zbroi i tracić energię na wzmacnianie siebie w samotności. Zbroja chroni, lecz zatrzymuje potencjał i niszczy nasz dobrostan.

Delikatność i moc mieszkają w sercu.

DELIKATNOŚĆ wie, sięga z zaufaniem do wewnątrz, ma głos, daje mocy odprężenie.
MOC daje delikatności sprawczość i odwagę. Ufa jej i zaprasza do działania z intuicji, bo widzi, że z nią rośnie w harmonii, miłości i wzniosłej energii.

Jednak jest coś POMIĘDZY co pozwala im się połączyć. Spotykają się w OBECNOŚCI serca. Tam jest iskra, która sprawia, że tworzy się pełnia.

Obecność serca to ta chwila teraz, w której świadomie oddychasz i słuchasz swojego wewnętrznego głosu. To usłyszenie Twojej PRAWDY z najwyższej mądrości. To czasem przepływ emocji. W niej przychodzi miękkość i poszerzenie serca, spokój wewnętrzny, miłość, zaufanie, odpowiedzi jakich szukasz, a za tym idzie spójne ucieleśnione, świadome i konsekwentne działanie w Twojej naturalnej energii. Tam też zadziewa się integracja tego co w nas żeńskie i męskie.

Feniks – ścieżka mistrzostwa i wewnętrzne bogactwo (wybrane wycinki własnego procesu z Coachem)

Umiejętność pisania to moje wyzwanie i marzenie od kiedy pamiętam. Kiedy mam coś napisać, powoduje to we mnie bardzo duży stres. Decyzja napisania tego artykułu popłynęła z mojego wnętrza i wiedziałam, że chce się z tym zmierzyć, sięgając po wsparcie.

C (Coach): Jak Ci idzie rośnięcie wraz z artykułem?

J (Joanna): No wiesz, nie do końca mi idzie, nie napisałam nic. Chciałam odwołać tą sesję, ale stawiam się, bo przypomniał mi się Feniks.

C: I widzisz, zadziałało na Ciebie.

J: Nie do końca rozumiałam, o co chodzi z tym Feniksem, bo nikt jeszcze nigdy z moich klientek nie uciekł z procesu ani nie chciał odwołać sesji.

● ● ● ● ● ● ● ● ● ●

Kurtyna: Po kilku pierwszych sesjach Coachee (klient) może chcieć odwoływać sesje z jakichś powodów czy przekładać je, bo zmiana czy przyznanie się do tego, że nic nie zrobił, jest dla niego zbyt duża i dyskomfortowa. To jest kluczowy moment, bo nasze nawykowe ja, jakaś część nas walczy o przetrwanie i schowanie się tam, gdzie jest. Jeśli się stawisz, to tu Feniks powstaje z popiołów.

I wtedy podczas sesji przypomniałam sobie o pięknym narzędziu, jakim jest ścieżka mistrzowska, którą zrobiłam wcześniej z klientką. To takie skuteczne narzędzie, które pozwala się przyjrzeć, jak rosną Twoje umiejętności na pewnych etapach i też, z jakimi przeszkodami musisz się zmierzyć, kiedy uczysz się czegoś trudnego, ale wartościowego dla Ciebie. Pomaga zawczasu przyjrzeć się tym przeszkodom, które w nieunikniony sposób będą Cię rozpraszać i zawracać z tej ścieżki. To jest stawienie czoła pytaniom typu: Kim ja jestem, żeby mieć np. prawo do uczenia innych? Jak śmiem marzyć o tej wspaniałej umiejętności?

Zdałam sobie też sprawę z logicznej rzeczy, że ścieżka mistrzostwa objawia się na różnych etapach naszego życia i jej etapy są prawdziwe. Moją ścieżką mistrzostwa jest w tej chwili pisanie tego artykułu, a przecież przeszłam już tyle ścieżek. Moje studia międzynarodowe, które ukończyłam w Londynie jako jedna z wielu. Inna to moje więzi rodzinne i relacje, jakich pragnę, które ewoluowały przez lata w radościach, trudnościach a w końcu w autentyczności, lekkości i dojrzałości. Inna to relacje biznesowe i doświadczenie podczas 15 lat pracy w Anglii. Jeszcze inną ścieżką jest mój powrót do siebie, do ciała, odnalezienia tego co chcę robić, słuchanie duszy, podróżowanie.

To są osobne, nieskończone ścieżki możliwości, które się łączą w naszych największych wartościach i potrzebach życiowych.

U wielu moich klientów widzę to samo, że przeszli już nie jedną ścieżkę, a nagle wstępują na taką, na której pojawiają się im przeszkody i boją się pójść do przodu.

C: To, co jest dla Ciebie już łatwe, żebyś mogła zacząć pisać?

J: Tu jest opór, bo to dla mnie nie jest łatwe.

C: Jakbyś miała porównać do czegoś ten opór, to do czego on jest podobny?

J: Mmmm ten opór jest jak... szczyt. Mam wrażenie, że jest tak wysoko, że nie mogę go dosięgnąć.

C: Czy możesz narysować ten szczyt i siebie gdzieś?

J: Od razu mi się śmiać chce, że to ścieżka mistrzostwa. Stoję na środku, rozglądam się czy jest tam coś jeszcze. Tam jest pusto... Chciałabym wiedzieć, co jest na szczycie.

Kurtyna: Tutaj padają bardzo głębokie pytania zmieniające wszystko, zapraszające do zatrzymania. Czas się zatrzymuje, a odpowiedzi przychodzą w odprężeniu z wewnętrznej mądrości.

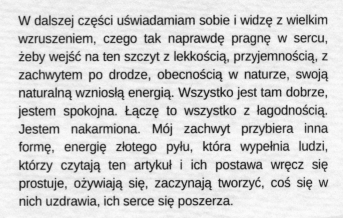

W dalszej części uświadamiam sobie i widzę z wielkim wzruszeniem, czego tak naprawdę pragnę w sercu, żeby wejść na ten szczyt z lekkością, przyjemnością, z zachwytem po drodze, obecnością w naturze, swoją naturalną wzniosłą energią. Wszystko jest tam dobrze, jestem spokojna. Łączę to wszystko z łagodnością. Jestem nakarmiona. Mój zachwyt przybiera inną formę, energię złotego pyłu, która wypełnia ludzi, którzy czytają ten artykuł i ich postawa wręcz się prostuje, ożywiają się, zaczynają tworzyć, coś się w nich uzdrawia, ich serce się poszerza.

Magia coachingu

Magia coachingu polega na tym, że w procesie, kiedy odkrywasz jakąś prawdę, to ma to dla Ciebie bardzo głębokie znaczenie. W takim linearnym opisie i dialogu jak wyżej nie ma szans w pełni zilustrować mocy coachingu. To dlatego, że ona się dzieje poza słowami, na poziomie ciała i jest wielowymiarowa. Przychodzą do Ciebie obrazy, masz odczucia w ciele i coś, co się zdarzyło w kilka minut czy sekund, jest niemożliwe do opisania.

Dzielę się tym, bo chociaż w niewielkim stopniu chcę pokazać, że coaching poszerza świadomość i ucieleśnia zmiany długoterminowo. Dodatkowo chcę Ci pokazać, że praca z metaforami pozytywnie i głęboko transformuje. Osadza Cię i prowadzi. Jest jak Przewodnik.

Często subtelne Kobiety chowają się ze swoją komunikacją za metaforami, a tam jest MAGICZNA WRAŻLIWOŚĆ, która ma niesamowitą MOC. Najwyższy czas ją UZNAĆ.

• • • • •

J: Mam wizję tego co jest na szczycie. Poczułam, po co mam tam wejść. Stamtąd widzę różne ścieżki. Pewne są już za mną. Jestem już daleko. Pojawiła się nowa.

C: O co masz ochotę zapytać, kiedy jesteś na szczycie?

J: Co mam napisać, żebym czytając, uwierzyła, że to, co widzę, jest możliwe dla mnie w rzeczywistości a tym samym dla innych? Trzymam się za serce, jestem bardzo wzruszona. Ja naprawdę tego chcę. Tęsknię za tym, ale jeszcze nie wierzę, że to się urzeczywistni.

C: I co mam napisać w tym artykule, żeby to, czego chcę, stało się możliwe? Czy jest już coś, co może jest gotowe wyłonić się już teraz?

J: Wiesz co, to jest zabawne, bo pojawił mi się taki złoty piękny Puchar jak na igrzyskach olimpijskich. Tylko ten Puchar jest zapakowany w jakimś pudełku. Widzę wszystkie ścianki oprócz tej z przodu, żebym mogła zobaczyć, co jest w środku. Mam takie przekonanie, że to jest Puchar, który moglibyśmy sobie dać za wszystkie ścieżki, które już przeszliśmy. Żeby go sobie wręczyć dzisiaj. Złoty Puchar za te wszystkie igrzyska olimpijskie, w których wzięliśmy udział i jesteśmy na podium. Nieważne na którym miejscu, na naszym podium. Takie uznanie, uznanie tak wielkiego sukcesu.

C: Bardzo mnie poruszyło to, co powiedziałaś.

J: Dziękuję, że to mówisz. Mnie też. To jest życie. Chcę już w tych igrzyskach brać udział inaczej, z sercem, ze spokojem kiedy idę po następny puchar, bo nie musi być jeden.

C: I jak te złote puchary mają się do bogactwa wewnętrznego?

J: To są moje wewnętrzne puchary. One po prostu są. To jest wewnętrzne bogactwo. To są symbole. Jest ich dużo. Ten obraz mi pomaga, zrobiłam się bogatsza. Mam bogactwo wewnętrzne i zewnętrzne. Zrobiło się we mnie dużo przestrzeni. Z tego miejsca następna ścieżka jest lekka, przyjemna i pełna kreacji.

C: I jak już to wiesz, to jakie są Twoje decyzje?

J: Chcę iść równocześnie tymi ścieżkami, czerpiąc radość z życia i nie skupiając się tylko na jednej rzeczy, na biznesie i tym, co robi większość. Chcę iść za sobą. Ścieżka to nie tylko przejście z punktu A do B to ścieżka nieskończonych możliwości.

Kurtyna: Feniks powstał i powstaje dalej tak jak inne decyzje i spójny plan działania w zgodzie z energią ciała, umysłu i ducha.

Jakimi ścieżkami Ty wchodziłaś na swoje szczyty, ile pucharów masz do rozpakowania i celebracji?

Inne ważne doświadczenia w budowaniu biznesu – Nigdy siebie nie oceniaj a obserwuj z łagodnością

Jedną z moich ścieżek było budowanie marki osobistej. Korzystałam z wielu szkoleń, budowałam obecność w mediach społecznościowych. Dopasowując się do schematów, trendów, programów sprzedażowych, odchodziłam od siebie. Zajęło mi 3 lata, zanim zrozumiałam, że szukam na zewnątrz.

Jedne z ostatnich warsztatów były jednak szczególne. Odkryłam wiele swoich nieuświadomionych talentów, ale też mocną podświadomą blokadę. Wszyscy uczestnicy zdefiniowali swoje misje, oprócz mnie. Moja misja była niepełna. Pomyślałam, znowu wszyscy urośli, oprócz mnie. Skądś to znam. Pierwszego dnia warsztatu mieliśmy opowiedzieć o najgorszym momencie w życiu i nagle przypomniało mi się, jak nauczycielka po wakacjach w szkole powiedziała, że wszyscy urośli oprócz Asi. Cała klasa się ze mnie śmiała. Nie umiałam obronić swojej delikatności. Przez to jedno zdanie nieświadomie pomniejszałam siebie przez te wszystkie lata.

Wtedy odkryłam, że JESTEM WIĘCEJ i od dziecka taka byłam.

Jakie zdania zatrzymują Ciebie? Uświadomienie sobie tego może wyzwolić dużo zatrzymanej energii i pobudzić do działania. Nieświadoma ofiara w nas staje się spójnym ze sobą Twórcą.

W moim odkryciu urosłam. Stało się jasne, że moja delikatność może pozostać sobą, a moc ma wspaniałą energię do tego, żeby zaufać i sięgać do wewnątrz po prowadzenie.

Kiedy zaczęłam to robić, pomimo że nie mam wszystkich odpowiedzi, wszystko zaczęło się układać we flow.

Życie nie jest tylko linearne, ale faliste. Pomiędzy falami jest zatrzymanie. W zatrzymaniu jest obecność serca, w obecności serca przychodzi spokój wewnętrzny, zaufanie i transformacja.

Najważniejsze dla nas zadanie to zanurzyć się w fale, w pomiędzy, w obecność serca.

Tam jest poczucie bezpieczeństwa i tam jest Twoja kreacja, tam jest Twoje bogactwo.

Moja misja i co jest możliwe we współpracy ze mną

Pomagam ambitnym, wrażliwym na piękno Kobietom, zaufać swojej intuicji, dzięki czemu podejmują lepsze decyzje, tworzą obfite życie we wzniosłej energii i kreują większy wpływ w świecie.

Siadam przy Kobietach i widzę ich piękno, widzę ich więcej. Tak długo aż one zobaczą to same. Aż przypomną sobie, odkryją kim są, oraz to, co jest w nich najcenniejszą wartością, na którą czekają inni. **Zachwycam się nimi.**

Pomagam im zmienić energię w ich życiu i biznesie, dzięki czemu wzmacniają siebie wewnętrznie, rezonują swoją naturalną energią na zewnątrz i kreują realne, pozytywne zmiany.

Dzięki moim doświadczeniom służę wielowymiarową i laserową obecnością coachingową. Stwarzam przestrzeń poczucia bezpieczeństwa, w której Kobiety w zaufaniu pozwalają sobie wypowiedzieć głośno to, co się w nich porusza, wyłaniają swoją prawdę, zaczynają ją czuć, stwarzają swoją wizję, aż w końcu odpalają iskrę i zaczynają działać w pełni mocy, bo są połączone ze sobą. **To tak jakby podłączyły się do swojego prądu.**

Przychodzą do mnie Kobiety, które chcą założyć swój biznes, mają swój biznes, takie, które są na etatach, mają poczucie misji i potrzebują zmian, nowej energii lub po prostu mają jakiś projekt, decyzje przed sobą lub dylemat do rozwiązania czy pewne sfery do poukładania.

W procesie coachingowym kreują swój własny system sterowności i dbania o siebie. Wychodzą z nieświadomej jaskini strachu, nieuznania czy perfekcyjności i stawiają się w pełni mocy do życia i biznesu.

Transformacja jest możliwa wtedy, kiedy mają pełną zgodę w sobie, w ciele. Kiedy mają gotowość na zaangażowanie. To je prowadzi do przechodzenia przez następne mosty, do klarowności umysłu, czucia zgody w ciele na następne kroki czy stan bycia jakiego pragną.

Każdy może przejść przez proces transformacji samodzielnie. Jednak nie dosięgnie do tak głębokich wglądów i wewnętrznej mądrości jak zrobi to w zaufanej przestrzeni. Człowiek często nie jest w stanie sam siebie poprowadzić w procesie myślowym i tym samym dostaniu się do intuicji, ponieważ potrzebuje z tego procesu myślowego wyjść, żeby połączyć się ze swoją kreacją a przy tym przedostać się przez swoje wewnętrzne blokady. Obecność coachingowa to daje, transformacja i cuda dzieją się pomiędzy sesjami a korzyści płynące z tego się nie kończą.

Aktywacja obfitości

1. Po tym wszystkim czego doświadczyłaś czytając ten artykuł, co sobie uświadamiasz?
2. Jak nazwałabyś swoje jakości w sobie?
3. Jaką wartość dzisiaj ze sobą zabierasz i za co jesteś sobie wdzięczna?
4. Jakie są Twoje kroki, decyzje na najbliższe dni?

Jeśli chcesz się zanurzyć w siebie od czasu do czasu, nakarmić zmysły czy zainspirować to znajdziesz mnie na Instagramie.

A jeśli czujesz, że pragniesz zaprosić do swojego życia więcej spokoju, oddechu, radości, obfitości, spójności, nowej energii i jest Ci ze mną po drodze to zapraszam Cię do procesu coachingowego, na którym wejdziesz na ścieżkę, która Cię zachwyci i która będzie otwierała Tobie nowe ścieżki, którymi pragniesz podążać z lekkością.

Z miłością i wdzięcznością

Joanna Dziekan
Coach Obfitości

Joanna Dziekan - Certyfikowana Life & Business Coach, pracująca w nurcie skoncentrowanym na rozwiązaniach wg metody Erickson Coaching International. Projektowa Księgowa, Wizjonerka, Ambasadorka życiowych jakości, pasjonatka doświadczania życia w wolności, zachwycie, spokoju i radości.

Pomagam ambitnym, wrażliwym na piękno Kobietom, zaufać swojej intuicji, dzięki czemu podejmują lepsze decyzje, tworzą obfite życie we wzniosłej energii i kreują realny wpływ w świecie.

Email: joanna.dziekan@googlemail.com
IG: joanna_dziekan_coach_obfitosci

Jesteś ARTYSTĄ!

Agnieszka Troć

Jesteś ARTYSTĄ! Tak, TY!

Nawet jeżeli nie malujesz, nie rysujesz, nie tworzysz muzyki, nie piszesz wierszy ani książek, lub robisz to tylko hobbistycznie – jesteś artystą.

Każdego dnia tworzysz coś z niczego, tak jak malarz z białego płótna i kilku farb potrafi stworzyć obraz. Przelewa on swoją wizję czy pomysł na kawałek materiału, nadając jej w ten sposób formę fizyczną, jaką jest gotowe dzieło.

Tak jak pisarz, przelewa na kartki papieru swoje idee i materializuje je w postaci książki.

Ty też jesteś artystą! My wszyscy jesteśmy!

Wielu zawodowych malarzy, muzyków, pisarzy nie zgadza się ze mną, bo wolą to słowo „zarezerwować" dla swojej branży. Twierdzą, że trzeba być profesjonalistą, nawet mistrzem w danej dziedzinie i wykazać się czymś wyjątkowym, by móc nazywać siebie artystą, a nie rzemieślnikiem. Jednak ja powtarzam i powtarzać będę, że każdy z nas nim jest. Niezależnie od tego co robi zawodowo, czym się zajmuje na co dzień, w czym jest uzdolniony i jakie ma predyspozycje.

Nie ma przecież większego eksperta od Twojego życia niż Ty sama. Nikt nie ma lepszej wizji na to jak powinnaś je przeżyć niż Ty. Nikt inny nie potrafi przeżyć Twojego życia po Twojemu.

To właśnie czyni każdego z nas artystą, profesjonalistą i mistrzem swojego życia.

Masz dar tworzenia, kreowania, zamieniania myśli w coś materialnego. Czasem robisz to świadomie, jak na przykład kanapkę czy cały obiad, bo wierzysz, że możesz i potrafisz. Czasem kreujesz nieświadomie, jak na przykład problemy finansowe, choroby czy nieżyczliwych ludzi dookoła siebie lub odwrotnie, wygraną na loterii, doskonałe zdrowie czy fantastycznych przyjaciół. Jednak nie wiesz, że masz na to wpływ, nie wierzysz, że masz taką moc kreacji. Wolisz to nazywać pechem lub szczęściem, sprzyjającymi bądź nie okolicznościami.

Kreatywność jest niesamowicie istotnym elementem stwarzania naszego świata i naszej rzeczywistości. Dlatego pomagam innym ją rozwijać, bo im bardziej kreatywni jesteśmy, tym lepszy tworzymy świat.

Jak to właściwie jest z tym kreowaniem?

Czy naprawdę da się myśl zamienić w rzeczywistość? Przez wiele lat wydawało mi się, że to bzdura. Zdałam sobie jednak sprawę, że przecież właśnie tym jest postęp technologiczny i rozwój cywilizacji. Przecież to z ludzkie marzenia, ludzka wyobraźnia i fantazja wszystko napędzają i wprawiają w ruch. Teraz, gdy oglądamy stare filmy science-fiction, które kiedyś wydawały się nierealne widzimy, że teraźniejszość już nawet je wyprzedza.

Każdy ma podręczne urządzenie do komunikacji z wbudowanym minikomputerem naprowadzającym gdzie mamy iść oraz z globalną siecią, z której można czerpać informacje na dowolny temat, czytać książki, a nawet ich słuchać. Do tego dochodzą wideorozmowy, telekonferencje, sztuczna inteligencja na wyciągnięcie ręki i wirtualna rzeczywistość.

Gdy ja byłam dzieckiem, to wszystko było jedynie w świecie marzeń i fantazji. Wystarczyło kilkanaście lat, by marzenia stały się rzeczywistością. Zawdzięczamy to ludziom, którzy odważyli się mieć wielkie marzenia i nie bali się ich realizować.

Pomysł + odwaga do działania, eksperymentowania + wytrwałość = **KREATYWNOŚĆ**

Dlatego zachęcam i Ciebie do proaktywnej kreacji, do działania przez eksperymentowanie i niepoddawania się, gdy pojawią się jakkolwiek przeszkody. Przecież Thomas Edison także nie wynalazł żarówki za pierwszym podejściem.

Przez lata pracy z artystami nauczyłam się, że najpiękniejsze dzieła powstają, gdy mamy **trzy kluczowe elementy:**
1. Kreatywność, o której pisałam powyżej.
2. Odpowiednie narzędzia
3. Wiedzę jak ich używać

1

O **kreatywności** pisałam w pierwszej części tego artykułu, a jeszcze więcej przeczytasz o niej w artykule „Kreatywna czy pomysłowa" z 6 numeru magazynu Life Power oraz „Trzech zabójców kreatywności" z numeru 7. Zapraszam do lektury, jeśli jeszcze nie czytałaś.

2

Odpowiednie narzędzia do działania, eksperymentowania i wdrażania pomysłów w życie to druga niezbędna składowa by powstało arcydzieło. Możesz mieć fantastyczny pomysł, a jeżeli nie będziesz mieć odpowiednich narzędzi, nic nie zdziałasz. Jeśli nawet coś stworzysz, nie będzie to odzwierciedlenie Twojej wizji. Tu przykład z mojego malarskiego świata… Jeśli malarz ma wizję stworzenia wielkiego panoramicznego obrazu olejnego, a dysponuje jedynie kartką papieru z drukarki i ołówkiem, może próbować go namalować i nawet jakiś szkic powstanie, ale nie będzie to arcydzieło, które malarz miał w głowie. W rozwoju osobisty, duchowy, a także w rozwoju biznesu czy relacji, także stosuje się różne narzędzia, bez których trudno byłoby odnieść spektakularny sukces.

Prawdopodobnie słyszałaś o wizualizacjach, medytacjach, afirmacjach i innych programach oraz metodach i przepisach, które są fantastycznymi narzędziami i pomogły wielu wykreować ich najwspanialsze wizje życia. Być może nawet próbowałaś już tych metod.

Czy zadziałały u ciebie? A może brakło trzeciego składnika, czyli …

3

Wiedza, jak skutecznie używać narzędzi.

Jest ona niezbędna by nasza kreacja była urzeczywistnieniem marzeń. Jeśli zabraknie wiedzy, nasze wysiłki z dużym prawdopodobieństwem zakończą się niepowodzeniem. Tu, wróćmy do przykładu malarza przywołanego powyżej. Nawet jeśli będzie on miał fantastyczny pomysł, do tego odpowiednich rozmiarów płótno, pędzle, farby i inne przybory, a nie będzie wiedział, jak ich używać, jak gruntować płótno, jak mieszać kolory, jak cieniować... itd..., po wykonaniu pracy nie będzie z niej zadowolony.

Może już na etapie tworzenia porzuci swoje dzieło, bo zobaczy, że wychodzi mu zupełnie inaczej jak miał w głowie. Dlatego wiedza i proces uczenia się są niezbędne, by uniknąć frustracji w czasie kreacji. Tu z pomocą przyjdą różne książki, tutoriale i nauczyciele, którzy podpowiedzą, co możesz zrobić, by jak najdokładniej urzeczywistnić swoją wizję na papierze czy płótnie.

To samo dotyczy każdej innej dziedziny życia. Nawet jeśli będziemy mieć fantastyczny pomysł na siebie i do tego dobre narzędzia, a nie będziemy wiedzieć, jak tych narzędzi używać i jak stosować różne techniki możemy czuć frustracje gdy kolejne próby nie zakończą się powodzeniem.

Tu możemy poradzić sobie na dwa sposoby. Jeden to eksperymentować do skutku, próbować, i eksplorować na własną rękę. Zajmuje on dużo więcej czasu, ale nie każdemu przecież zależy na tempie. Nie zawsze też wystarczająco szybko widać co można przypłacić zniechęceniem, poddaniem się, frustracją albo nawet depresją.

Można także znaleźć odpowiedniego mentora, psychologa, coacha, przewodnika, nauczyciela, który podzieli się swoją wiedzą i doświadczeniem. Powie, jak skutecznie używać różnych narzędzi, a nawet pokaże takie, o których może jeszcze nie słyszałaś. Wskaże Ci kierunek i podpowie, jak pokonywać trudności by jak najszybciej Twoja wizja stała się rzeczywistością.

Pamiętaj, że najlepszy mentor to taki, który przeszedł już tą drogą, którą ty chcesz podążać. Wie on, na co zwrócić uwagę, bo sam na własnym przykładzie przetestował wszystkie narzędzia i techniki.

Tak jak malować nie nauczy ktoś, kto nigdy nie miał pędzla w ręku tak, chociażby kreatywności nie nauczy ktoś, kto jej w życiu nie stosuje.

Można mieć teorię, ale sama teoria bez praktyki niewiele znaczy.

W magazynie Life Power znajdziesz wielu mentorów i przewodników, którzy pomogą Ci w tej sferze życia, w której czujesz, że potrzebujesz wsparcia.

A zatem teraz, już wiesz, że to Ty masz MOC. Wiesz, co jest Ci potrzebne, by stać się świadomym kreatorem swojego życia. Wiesz, że to Ty jesteś artystą — zrób więc z niego arcydzieło.

Jeśli to kreatywność stanowi dla Ciebie wyzwanie, umów się ze mną na rozmowę lub sięgnij po specjalne narzędzie, które przygotowałam po to, by pomóc ją rozwijać — po KREATYWNIK.

Agnieszka Troć

www.atdp.com.pl   www.akademia.atdp.com.pl
FB: Akademia ATDP   IG: akademia_atdp
FB: Life Power   IG: agatroc.coach

Agnieszka Troć - certyfikowany life coach, art coach, arteterapeuta oraz chromaterapeuta. Łączy wieloletnie doświadczenie architekta, artysty, coacha i terapeuty. Pomaga innym, nie tylko artystom, rozwijać kreatywność, pokonywać blokady, poszerzać strefę komfortu oraz poprzez sztukę i pracę z dziennikiem dotrzeć do podświadomości i głębokiego poznania siebie w celu dokonania transformacyjnych zmian uwalniających od przeszłości a także by kreować najlepszą wersję przyszłości.

Rozwiń skrzydła swojej kreatywności wraz z KREATYWNIKIEM.

Kreatywnik — Planer kreatywności — czyli program jak wyzwolić swoją kreatywność w 12 prostych krokach jest idealny dla każdego, kto chce rozwijać swoją kreatywność i poznać nowe sposoby na pokonanie blokad twórczych, wyzwolenie swojego potencjału, rozwinięcie pomysłowości i wyrażenie swojej pasji. Planer został zaprojektowany w taki sposób, aby pomóc użytkownikom w wyrobieniu nawyku myślenia kreatywnego i przełamywania blokad oraz przywoływania kreatywności na zawołanie.

Planer zawiera opisy każdego z 12 kroków, rozłożonych na 12 tygodni (jeden krok tygodniowo), niezbędnych do uwolnienia kreatywności, dzięki czemu możesz poznać różne techniki i sposoby na rozwijanie swoich umiejętności twórczego myślenia. Dzięki Kreatywnikowi użytkownicy odkryją, jak ważne jest planowanie, a także nauczą się, jakie kroki należy podjąć, aby zrealizować swoje cele.

Zamów na Amazonie

Dostępny także w języku angielskim

Od marzenia do spełnienia

Anna Bielawska

Każdy z nas posiada marzenia, które chciałby zrealizować. Czasami są większe, a czasami mniejsze – jednak tak samo ważne. Może być to lot balonem, podróż dookoła świata, czy też zmiana pracy. Wiem, jak to jest, kiedy chcemy realizować nasz cel. Wiem także, że nie realizujemy ich po linii prostej. Istnieją pewne etapy w naszym życiu, gdy potrzebujemy się zatrzymać. Są momenty zwątpienia i rezygnacji z obranego przez nas celu. Znam to z własnego doświadczenia. Podróże potrafią być długie i wyczerpujące, ale także przynoszą nam satysfakcję, że udało nam się doświadczyć to co pragnęliśmy i odczuć nowe nieznane emocje.

Dziś chciałabym Cię zabrać w podróż "Od marzenia do spełnienia". Być może kojarzysz ten tekst ze słów piosenki "Wszystko się może zdarzyć, gdy głowa pełna marzeń, gdy tylko czegoś pragniesz, gdy bardzo chcesz". To my mamy w sobie wiarę, że realizujemy nasze pragnienia. Niestety podczas swojej pracy spotykam się z faktem, że my kobiety nie wierzymy w siebie same oraz w to, że potrafimy zrealizować własne marzenia.

Są one początkiem do odkrywania samej siebie, byś Ty mogła odczuwać wewnętrzne spełnienie- tę radość, poczucie zaufania do życia, uczucie wdzięczności, harmonii i spójności samej ze sobą.

Zapewne, najważniejsza podróż jaką odbędziemy w naszym życiu, jest drogą do utworzenia harmonii samej ze sobą. Wszystko jednak ma swój początek. Wstępem na tej ścieżce jest marzenie, które chcemy zrealizować. A owo marzenie ma swój zaczątek w myśli.

PODRÓŻ DO MYŚLI

Być może spotkałaś się ze stwierdzeniem, że wszystko zaczyna się w naszej głowie. I jest to absolutna prawda. Nasz umysł myśli obrazami. Gdy mamy przed sobą pewien obraz, wówczas zastanawiamy się, w jaki sposób powinniśmy podjąć działanie. Wpływa to pozytywnie na naszą determinację do sięgnięcia swoich marzeń. Jednak zauważ, że wszystko ma początek w naszej myśli. Niestety, przez bardzo długi czas, nie jesteśmy tego świadome. Dzieje się tak, gdyż przez ponad 90% czasu nie próbujemy postrzegać naszych marzeń jako cel, do którego możemy zmierzać. Pierwszym krokiem, aby zaradzić takiemu obrotowi spraw, jest obserwacja naszych rozważań.

Odpowiedz sobie na pytanie: **Czy próbowałaś wspierać samą siebie w drodze do osiągnięcia wyobrażonego zamysłu?** Jeśli odpowiedź brzmi przecząco, jest bardzo prawdopodobne, że nie podjęłaś się tej podróży ze względu na zniekształcony obraz samej siebie i swoich przekonań odnośnie świata i ludzi. Dlatego też ważnym jest ten pierwszy krok. By móc realizować siebie, poczuć spełnienie wewnętrzne, potrzebna jest analiza własnych myśli.

Bardzo często na początku drogi, zachęcam osoby do podjęcia takiego kroku. Po przyglądaniu się własnym rozważaniom i temu, w jaką stronę zmierzają. Fakt, że zauważysz, w jakim kierunku kroczysz, pozwoli ci, żeby przetransformować to na taki sposób, który będzie cię wspierał w realizacji twoich marzeń.

PODRÓŻ DO EMOCJI

To właśnie ona jest naszym kolejnym etapem w podróży. Emocje...jak często uciekamy od nich. Nie chcemy wiedzieć, co tak naprawdę się w nas dzieje, ale też nie potrafimy tego nazwać. Być może doświadczyłaś tego w dzieciństwie, okresie dorastania, bądź jako dorosła kobieta – sądzisz, że nie możesz lub nie masz prawa wyrazić tego, co czujesz. Czy głośno wyrazić swoich granic? Jest to związane z czakrą gardła, kiedy aż do tej pory nie wypowiedziałyśmy swoich emocji. Pewnie znasz powiedzenie: „dzieci i ryby głosu nie mają". Brak możliwości wyrażenia swojego zdania w młodości, rzutuje także na brak odwagi do wyrażenia naszych poglądów wraz z etapem dorastania. Tworzy się w nas poczucie winy, braku bezpieczeństwa, jak i odrzucenia, bo nie zostajemy zaakceptowane takimi, jakimi jesteśmy. Tłumacząc sobie, że to, co czujemy, nie jest tak naprawdę ważne.

Jako osoby składające się z ciała, umysłu oraz duszy, będziemy odczuwać swoje emocje w tych trzech aspektach. Ważnym jest, aby zauważyć je, zrozumieć i pozwolić przepłynąć im przez samą siebie. Każda emocja, którą odczuwasz potrzebuje przyjęcia. Każda z nich jest również w porządku. Przyjrzyj się jakie emocje ci towarzyszą i na którym fragmencie ciała się pojawiają. Chciałabym, abyś dała sobie prawo wyrazić je i uwolnić to co do tej pory tłumiłaś. Kiedy będziesz zwracała uwagę jak się naprawdę czujesz, to będziesz też działać zgodnie ze sobą, staniesz też po swojej stronie. Obserwuj swoje emocje, to co czujesz, ale bez oceniania – zarówno siebie, jak i innych ludzi. Twoje emocje i myśli są sygnałami płynącymi z ciała. Dzięki nim jesteśmy w stanie poznać nasze wzorce i spróbować je uwolnić. Praca z emocjami to także praca z wewnętrznym dzieckiem. Odkryjmy ją, otoczmy opieką i doceńmy jej wysiłek; drogę, którą przeszła. Spróbujcie nauczyć się doceniać same siebie. Kiedy dotkniemy tych emocji, staniemy się kochającym rodzicem, którego nasze małe dziecko potrzebuje.

PODRÓŻ DO SAMEJ SIEBIE

Jest to najważniejsza i najcudowniejsza przygoda, w której odkrywamy siebie warstwa po warstwie. Poznajemy swój potencjał oraz wyjątkowość faktu, że jesteśmy wystarczające i zawsze byłyśmy. Często zmagamy się z niską samooceną, z faktem, że nie jesteśmy odpowiednie. Cały czas próbujemy udowodnić swoją wartość i to, że zasługujemy na miłość, by czuć się kochane i otoczone opieką. Chcę ci powiedzieć, że jesteś wyjątkowa. W tej podróży potrzebujemy zauważyć siebie samą i tym kim jesteśmy, by poczuć wewnętrzną spójność.

Chcę, żebyś zrozumiała, że nie potrzebujesz próbować spełnić czyjegoś oczekiwania, tłumiąc w sobie swoje uczucia. Najważniejszym jest fakt, że jesteś wystarczająca. To niezaprzeczalny i niepodważalny stan rzeczy. Twoja wartość nie zależy od nikogo i od niczego. Kiedy to zrozumiesz, nie będziesz chciała już nikomu udowadniać swojej wartości.

Podróż do samej siebie jest podróżą na całe życie, w której będziemy odkrywać to, kim tak naprawdę jesteśmy, bez wszystkich ról i masek, nałożonych na siebie, przez chęć spełnienia oczekiwań osób z zewnątrz. Istotne jest, abyś przypomniała sobie, że jesteś ważna. Pamiętaj, że gdy zajrzysz w swoją głębię, odkryjesz skrywane tam piękno i to jak cenną kobietą jesteś.

Anna Bielawska

FB: Anna Bielawska - Life Mentoring & Coaching
IG: https://www.instagram.com/annabielawska_eu/

Anna Bielawska — mentorka Kobiet Mocy, certyfikowany life coach, współautorka książki „Droga serca do ludzi", autorka e-booka „Obudź i wzmocnij w sobie swoją wewnętrzną siłę". Autorka warsztatów transformujących życie kobiet.

Moją misją jest wspieranie kobiet, które chcą żyć w zgodzie ze samą sobą, realizując pragnienia swojego serca. Uwielbiam towarzyszyć w drodze do siebie samej, poznawaniu mocnych stron, talentów, odkrywaniu wewnętrznej siły i dążeniu do realizacji marzeń, a także w dojściu na Twój wymarzony szczyt Everest Kreatorki Swojego Życia. Stawiam w swojej pracy przede wszystkim na zaufanie, szczerość i wyrozumiałość, a także motywacyjnego „kopniaka", jeśli jest taka potrzeba.

Tak daleko a tak blisko

PATRONAT MEDIALNY LifePower

DOŁĄCZ DO NAS I ZAŚPIEWAJ Z NAMI!

Zapraszamy do udziału w projekcie, który łączy Polonię w UK.

Razem stworzymy piosenkę, którą zaśpiewa kilkudziesięciu Polaków oraz Polek z różnych zakątków Wielkiej Brytanii. Dołącz do nas!

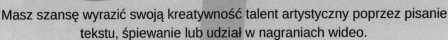

Masz szansę wyrazić swoją kreatywność talent artystyczny poprzez pisanie tekstu, śpiewanie lub udział w nagraniach wideo.

Weźmiesz udział w promocji polskiej kultury i języka, zachęcając do śpiewania w ojczystym/dziedziczonym języku piosenki z ważnym przesłaniem.

Twój głos i talent zostaną usłyszane i zobaczone przez szeroką publiczność, ponieważ efektem projektu będzie utwór muzyczny dostępny w sieci na kanałach YouTube i Spotify.

Piosenka wprowadzi Cię w świąteczny nastrój, który z pewnością rozświetli Twój okres świąteczny i dostarczy mnóstwo radości i Tobie oraz Twoim bliskim.

WSPÓŁPRACA

Jesteśmy otwarci na partnerstwa sponsorskie, które pomogą w sfinansowaniu projektu. Sponsorzy będą mieli okazję do promocji swoich marek m.in. w ramach wydarzenia (strona www, banner, live'y, informacje w radiu, a przede wszystkim w klipie wideo).

Zeskanuj kod i zobacz szczegóły

POSZUKUJEMY CHĘTNYCH

Jeżeli masz ochotę wziąć udział w naszym projekcie zapraszamy do wypełnienia formularza zgłoszeniowego.

8
SONGWRITERÓW

51
ŚPIEWAJĄCYCH

62
W TELEDYSKU

906
KUBKÓW KAWY

DLACZEGO WARTO DOŁĄCZYĆ?

Nasza inicjatywa łączy Polonię, tworząc wspólnotę ludzi, którzy chcą celebrować swoją kulturę i język w wyjątkowy sposób. To okazja do nawiązania nowych znajomości, a także wyrażenia swoich uczuć i emocji w kreatywny, odkrywczy i ekspresyjny sposób.

STWÓRZMY RAZEM COŚ PIĘKNEGO!
ZGŁOŚ SIĘ JUŻ DZIŚ!

ZASADY UCZESTNITCWA

- Weź telefon, aparat lub tablet i nagraj swój występ. Następnie korzystając z poniższego formularza prześlij linki do nagrania. Możesz użyć np. YouTube'a (również w trybie niepublicznym, Dropboxa, Google Drive'a lub Facebooka/Instagrama
- Jeżeli jesteś niepełnoletni, musisz posiadać zgodę rodzica
- Do projektu zapraszamy wszystkich powyżej 9 roku życia
- Każdy uczestnik powinien przesłać 1 piosenkę powyżej 1 minuty, a łączny czas filmu nie powinien przekraczać 4 minut
- Prezentowany utwór musi mieć dobrze słyszalny wokal oraz podkład lub akompaniament własny
- Przesłane nagranie powinno być w postaci jednego ujęcia, bez montażu audio-video. Jakość video nie będzie podlegać ocenie
- Zgłoszenia bez udostępnionego nagrania nie będą zakwalifikowane do udziału w projekcie.
- Lista osób zakwalifikowanych do dalszego udziału w projekcie zostanie podana do wiadomości do dnia 30 listopada 2023 r. Zakwalifikowane osoby zostaną powiadomione o tym pocztą e-mail (na adres podany w zgłoszeniu).

**zeskanuj kod
i wypełnij formularz
zgłoszeniowy**

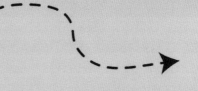 

Jak być

sobą

w życiu

i w związku

Ela Senghera ● ●

Czy masz czasem wrażenie, że zatraciłaś się w związku? Być może nie wiesz już, kim tak naprawdę jesteś?

To zatracenie siebie na korzyść utrzymania związku jest zjawiskiem bardzo popularnym. Prawda jest taka, że my wszyscy tak bardzo pragniemy tej prawdziwej miłości, że zrobimy wszystko, aby odnaleźć swoje szczęście z druga osoba. Wytrwale szukamy tej „drugiej połówki" i często oddychamy ulga jak tylko ją/jego znajdziemy. Dla wielu z nas wzorce społeczne i rodzinne odgrywają ogromną rolę, wskazując nam drogę do „miłości" i „spełnienia". A tak naprawdę okazuje się, że w pogoni za „szczęściem" zapominamy o sobie.

Zazwyczaj wszystko zaczyna się dobrze... Po wielu latach i wszelakich doświadczeniach z potencjalnymi partnerami, w końcu go odnalazłaś. Jesteś podekscytowana tą nową osobą. Czujesz radość, miłość, motyle w brzuchu. W końcu czujesz się zauważona, wysłuchana i zaakceptowana. Być może czasem zapominasz o "przyziemnych" sprawach, bo skupiasz się na nowym związku. Aczkolwiek po kilku miesiącach, sprawy przestają być takie ekscytujące. Przychodzi codzienność i rutyna. Życie staje się przewidywalne. Coraz częściej wasze rozmowy są na tematy związane z denerwującym szefem, wizyta u lekarza lub płaceniem rachunków, lub tez, o której wraca pracy i kto ma zrobić zakupy itp... Ustaliliście rutynę, która działa dla was obojga. Mimo braku ekscytacji wszystko idzie gładko do momentu kiedy... decydujecie się na ciążę i na świat przychodzą wasze dzieci.

To właśnie wtedy następują prawdziwe zmiany. I to zmiany przez duże „Z". Po pierwszych kilku miesiącach, wielu nieprzespanych nocach, ale i odkryciu prawdziwej czystej miłości, o jakiej ci się nigdy nie śniło, wcielasz się w rolę rodzica. Przyjmujesz nowe obowiązki, zmieniają się twoje role. Starasz się jak najlepiej. Mimo że kochasz swoje dziecko i cieszysz się z jego rozwoju, zapominasz o sobie.

Być może czujesz, że czegoś ci brakuje. Nie do końca czujesz się spełniona i niektórych z tych nowych ról wcale nie lubisz. Próbujesz nowych rzeczy i szukasz poprawy. Zmiana przychodzi małymi krokami, bo twoje zachowanie i codzienne decyzje ugruntowane są doświadczeniem życiowym i wzorcami wielopokoleniowymi. Podejmujesz więc działania automatycznie, podświadomie tak jakby na tak zwanym „autopilocie".

Odgrywanie nowych ról sprawia, że masz mniej czasu dla siebie oraz na rzeczy, które kiedyś przynosiły ci frajdę, przyjemność, dawały lekkość i radość. Często bywa tak, że brutalna rzeczywistość sprawia, iż powoli zatracasz się w roli matki, opiekunki, partnerki. Tracisz kontakt sama ze sobą oraz ze swoimi marzeniami i pragnieniami. Ale gdy tak się dzieje, ty jeszcze nie jesteś tego świadoma. Często zaczyna się od tego, że czujesz się po prostu zmęczona, bez energii, lub ochoty na siłownię albo spotkanie na kawę. Rozmowy z partnerem wyglądają trochę inaczej i często kończą się małym zgrzytem lub szukaniem rozwiązania odnośnie podziału obowiązków.

Zdarza się również, że ta przemiana w żonę/męża, a później w matkę/ojca może być dla nas pewnym szokiem. Możemy poczuć się zagubieni. Możemy nie do końca identyfikować się z nową rolą mamy lub taty... Możemy czuć się niepewnie. Nie wiedzieć czego tak naprawdę chcemy i za czym podążamy. Wielu z nas może być tak pochłoniętych codziennymi obowiązkami, że możemy mieć trudności z określeniem, co jest dla nas naprawdę ważne. Uczucie to jest bardzo powszechne i całkowicie normalne.

To jest coś, z czym sama zmagałam się w przeszłości. W moim przypadku zmiana nie była łatwa ani szybka. Najważniejsze okazało się to, abym zdała sobie sprawę, jakie aspekty mojego życia uległy zmianie, a które pominęłam i za czym tęskniłam najbardziej. Musiałam to wiedzieć, abym mogła odbudować te części swojego życia, które były niezbędne mojego szczęścia.

Być może zastanawiasz się, dlaczego tak często jesteś zła na cały świat, dlaczego tak łatwo cię urazić? Co się stało? O co chodzi??

Odpowiedź na to pytanie tkwi w nowych obowiązkach i rolach, które odgrywasz i sposób, w jaki one przyczyniają się do twojej codziennej rutyny a tym samym satysfakcji z życia. Jeśli brzmi to dla Ciebie znajomo i rezonuje z Tobą, ważne jest, abyś przyjrzała się bliżej swojemu harmonogramowi zajęć. Zwróć uwagę, jak często pełnisz rolę kucharki, niani lub sprzątaczki, a ile czasu poświęcasz na odpoczynek, dla siebie, lub na pracę kreatywną, która daje ci satysfakcje. Czy znajdujesz czas na „bycie sobą", na swoje zdrowie? Czy masz świadomość swoich celów życiowych i czas na to, aby za nimi podążać?

Z własnego doświadczenia wiem, że zostanie rodzicem to ogromna tranzycja. To okres kiedy powoli świadomie lub podświadomie stajemy się nową wersją siebie. Zmieniają się nasze priorytety, sposób myślenia i postrzegania świata. Zmienia się nasza tożsamość. Możesz zapytać, czym jest nasza tożsamość?

Tożsamość to przekonania, cechy osobowości lub/i wygląd, które charakteryzują osobę lub grupę. Tożsamość to obraz samego siebie, z którym się utożsamiamy, który rozpoznajemy jako swój własny, to kim jesteśmy i co reprezentujemy. W naszym życiu istnieje wiele możliwości stworzenia nowej tożsamości lub utraty istniejącej. Wiele z nas nie jest do końca zadowolonych z pewnych aspektów życia i pragniemy pozytywnej zmiany, za którą podążamy. W trakcie tej wędrówki do szczęśliwszego i bardziej spełnionego życia musimy jednak pamiętać, że aby stać się kimś nowym, musimy pożegnać się z poprzednią wersją siebie. Coś musi się skończyć, żeby zaczęło się coś innego. Do tego potrzebna jest samoświadomość i odwaga. Nie wszystkie z nas mają odwagę, aby się podjąć tego zadania.

Dlatego też warto zrobić skan swojego życia. Gdziekolwiek teraz jesteś, zatrzymaj się na minutę. Zapal świecę lub zrób sobie filiżankę herbaty, gdy jesteś sama. Znajdź chwilę na bycie ze sobą w ciszy. Pomyśl o rzeczach, które są dla Ciebie naprawdę ważne. Zapytaj siebie

- Co naprawdę lubisz robić?
- Co daje Ci poczucie spełnienia, satysfakcji, radości?
- Za jakim hobby najbardziej tęsknisz ?
- Jakie czynności w ogóle nie wydają Ci się pracą?
- Ile czasu poświęcasz na te zajęcia?
- Czy masz czas zadbać o siebie?

Dzięki temu zidentyfikujesz, co zawładnęło twoim życiem i spowodowało spustoszenie w głowie lub sercu? Co należy zmienić? Rozpoczęcie procesu przyjmowania nowej tożsamości może być dość trudne. Przyznanie się do tego przed samym sobą może być przerażające, a nawet zawstydzające.

Szczególnie krępujące może być przyznanie się do tego, że czujemy się nieszczęśliwi jako nowa mama lub nowy tata, ten nowy obraz, z którym powinniśmy się identyfikować i który powinien nam pasować, nie daje nam poczucia spełnienia lub radości.

Jestem osobą, która zawsze wierzyła, że gdy zostanę mamą, będę naprawdę szczęśliwa. Rzeczywistość była zupełnie inna. Prawda była taka, że czułam się zagubiona, i wyczerpana. Straciłam kontakt ze sobą. Jako młoda mama czułam się samotna i odizolowana. Nie utożsamiałem się z nową rolą, którą grałam i oswojenie się z tą rolą zajęło mi trochę czasu. Naprawdę brakowało mi mojej poprzedniej tożsamości.

Być może dotyczy to również Ciebie? Może jesteś osobą, której kariera zawodowa znaczyła tak wiele, ale coś się wydarzyło i musiałaś zaakceptować nowe koleje losu. W rezultacie poczułaś się bardzo niepewnie w roli, w której jesteś. Jedno było dla Ciebie jasne: to, że nie jesteś szczęśliwa, że coś musi się zmienić, jednak nie do końca potrafisz powiedzieć co.

Odpowiedź na to pytanie może być taka, że nie do końca przyjęłaś lub stworzyłaś nowa tożsamość, taką, która rezonuje w stu procentach z Tobą. Musisz okazać sobie miłość i cierpliwość, bo odnalezienie „siebie" nie zawsze jest szybkim procesem. Ale jest to coś, o co musimy zadbać, jeśli chcemy życia w wolności, w zgodzie ze sobą kiedy decydujemy, co jest dla nas dobre i jak chcemy żyć.

To, co może być naprawdę pomocne w tej podróży, to praktykowanie samoświadomości. Obserwuj swoje myśli i to, jak reagujesz na różne sytuacje. Naucz się współczucia i akceptacji siebie, a nie bycia wobec siebie krytyczną i surową. Jesteś tylko człowiekiem, a nie superbohaterką z ekranu kinowego. Potrzebujesz akceptacji, zrozumienia i przyjaźni. Ćwicz okazywanie sobie miłości i zostań swoim najlepszym przyjacielem. Ale zanim tak się stanie, zapytaj siebie:

- Co oznacza dla Ciebie Twoja obecna tożsamość?
- Kim teraz jesteś i co reprezentujesz?
- Co w swoim życiu chciałbyś zmienić?
- Jaka jest pierwsza rzecz, którą możesz zmienić, aby stworzyć nową tożsamość?

Stań się osobą, która ma cel życiowy. Być może nadszedł czas na stworzenie nowej tożsamości, która będzie Ci służyć długoterminowo. Gdy to zrobisz, zobaczysz pozytywną zmianę w swoim życiu i relacjach z innymi. Jeśli jednak nie wiesz, od czego zacząć, zachęcam gorąco do przeczytania mojej nowej książki „Finding Love". Znajdziesz ja na Amazonie.

Jeśli podoba Ci się powyższy artykuł i potrzebujesz dodatkowych materiałów śledź mnie na Instagramie @virtuallyunbreakable, gdzie regularnie dziele się wiedza z zakresu zdrowych relacji i tworzenia szczęśliwego i spełnionego życia,

Możesz też posłuchać Podcastu **Virtually Unbreakable** na Spotify.

Ela Senghera

Część 4

HIPNOZA
fakty i mity

Aleksandra Bartoszewicz-Rudzińska ● ●

Wokół hipnozy i hipnoterapii narosło przez lata wiele mitów, miejskich legend i niepotrzebnych niedomówień. Kiedy raz na targach wspomniałam jednej z potencjalnych klientek, że prowadzę sesje hipnozy online, o mało nie „zabiła mnie wzrokiem" stwierdzając, że jestem szalona i jak ja się nie boję takich rzeczy robić. Nie boję się, ponieważ wiem i rozumiem procesy, przez które przeprowadzam moich klientów i odpowiednio przygotowuję siebie i ich do całego procesu. Nazywam się Aleksandra Bartoszewicz-Rudzińska, lub po prostu Aleks i jako Hakerka Podświadomości, Certyfikowana Hipnoterapeutka, Tearpeutka metodą Rapid Transformational Therapy®, Psycholog i Akredytowany Coach, zapraszam Cię na podróż, w której odkryjesz tajniki hipnozy.

Poniżej przedstawiam Ci 10 najczęściej powielanych mitów dotyczących hipnozy i hipnoterapii i przeciwstawiam je faktom, które warto znać. Mam nadzieję, że dzięki temu jeszcze lepiej zrozumiesz procesy, które stoją za tą metodą, ponieważ zrozumienie ma ogromną moc!

W trakcie sesji hipnoterapeuta przejmuje kontrolę nad klientem, który staje się pasywny, uległy i bezbronny.

Fakt — W trakcie sesji hipnoterapii, klient pozostaje w pełni w kontroli, jest aktywnym uczestnikiem procesu, który rozwiązuje problemy i przepracowuje to co dla niego ważne. Hipnoterapeuta nie jest w stanie zmusić klienta do czegokolwiek, co jest niezgodne z wartościami klienta. Nie jest w stanie zmusić klienta do działania wbrew sobie. Niestety tutaj złą renomę niesie skojarzenie z hipnozą sceniczną, która nie ma zbyt wiele wspólnego z sesją hipnoterapeutyczną.

Jednym z zagrożeń hipnozy jest to, że nie można się wybudzić.

Fakt — Jesteś w stanie samodzielnie wyprowadzić się ze stanu hipnozy, nawet bez pomocy hipnoterapeuty.

Hipnoza jest jak sen.

Fakt — Osoba zahipnotyzowana i w procesie hipnoterapeutycznym jest aktywnym uczestnikiem sesji, prowadzi konwersacje z hipnoterapeutą, szuka rozwiązań, tak naprawdę jest to bardzo wyczerpujący proces. Zazwyczaj po sesji, moi klienci są bardzo zmęczeni, potrzebują chwili, żeby odetchnąć, bo pomimo tego, że w trakcie sesji leżą z zamkniętymi oczami i wydawałoby się, że nic nie robią, ich umysł wykonuje naprawdę ciężką pracę.

Tylko osoby słabe psychicznie mogą zostać zahipnotyzowane.

Fakt — W rzeczywistości, odwrotność tego stwierdzenia jest bardziej prawdziwa. To osoby, które potrafią się skoncentrować, kontrolować i skupić swoją uwagę są bardziej podatne na hipnozę. Naturalnie ludzie różnią się między sobą w tym, z jaką łatwością wchodzą w stan hipnozy, u każdego głębokość wejścia w proces będzie inna. Nie istnieje coś takiego jak jedyna właściwa głębokość wejścia w proces hipnozy — u każdego będzie to wyglądało trochę inaczej.

Mit

Hipnoterapeuta musi być lekko szalonym, „kolorowym ptakiem", może nawet dziwakiem.

Fakt — Hipnoterapeutą może być każda osoba, która jest chętna, żeby nauczyć się takiej formy pracy. Może wyglądać jak zwykły szary człowiek lub „kolorowy ptak". Nie musi wyglądać jak czarodziej, nie musi mieć magicznych rekwizytów — tak naprawdę takie dodatki mogłyby być bardziej rozpraszające niż wspierające proces.

Mit

Nigdy nie doświadczyłam stanu hipnozy.

Fakt — Każdy z nas w swoim życiu doświadczył stanu przynajmniej lekkiej hipnozy. Np. kiedy wykonujesz bardzo dobrze znaną sobie czynność, która nie wymaga Twojego skupienia, jest powtarzalna i mechaniczna, w takich momentach twoja nieświadomość przejmuje stery i wykonuje te mechaniczne czynności, a twoja świadomość oddaje miejsce podświadomości, która może się z Tobą wtedy komunikować. To samo dzieje się na chwilę przed zaśnięciem — czy zdarza Ci się wtedy, że nagle przypominasz sobie o czymś, co trzeba było zrobić danego dnia, lub przychodzą Ci do głowy najlepsze rozwiązania problemów dnia poprzedniego. Dodatkowo, jeśli praktykujesz medytację, prawdopodobnie udało Ci się wejść w stan hipnozy niejednokrotnie.

Mit

Hipnoza jest formą terapii.

Fakt — Hipnoza nie jest formą terapii. Hipnoza to zmieniony stan świadomości, w którym procesy terapeutyczne mogą być prowadzone.

Mit

Można kogoś zahipnotyzować wbrew ich woli.

Fakt — Nikt nie może zahipnotyzować kogoś wbrew ich woli. Aby móc wejść w stan hipnozy, potrzebny jest relaks, rozluźnienie, zaufanie i odpowiednie warunki. Jeśli dana osoba nie chce zostać zahipnotyzowana, jest w stanie skutecznie się temu oprzeć.

Mit

W trakcie hipnozy nie można kłamać.

Fakt — Hipnoza to nie wykrywacz kłamstw, w hipnozie jesteś w kontroli tego co mówisz, masz świadomość słów, które płyną z Twoich ust, więc możesz również nie mówić prawdy. Może się to dziać w różnych momentach i kontekście, np. mówisz coś, co wydaje Ci się, że hipnoterapeuta chce usłyszeć, a wcale nie jest to prawda, lub fałszujesz pewne informacje, żeby pokazać siebie w lepszym świetle.

To chyba wszystkie najważniejsze mity związane z hipnozą i hipnoterapią. Oczywiście nie wszystkie, więc jeśli znasz jakieś inne, chętnie je poznam i odpowiem na Twoje pytania. Zapraszam do kontaktu.

aleks@coachingbyaleks.com
www.hakerkapodswiadomosci.pl

Miejsce na Twoją reklamę

Rozwój osobisty .... NIE DZIAŁA!

część 4
KLATKA NA MOTYLE

Agnieszka Troć

„I have a dream" powiedział kiedyś Martin Luter King.

Ja też miałam sen. A może to była wizja? Pomogła mi zrozumieć, dlaczego mam poczucie, że rozwój osobisty znów nie działa i chcę się tym z Tobą podzielić.
Może i Ty jesteś w podobnej sytuacji i zastanawiasz się, dlaczego utknęłaś.

W poprzednich artykułach pisałam o strefie komfortu (w numerze 5), o klątwie wiedzy (w numerze 6) oraz o shelf-developmencie (w numerze 7). Jeżeli jeszcze ich nie czytałaś, serdecznie zapraszam.

Dzisiaj chciałabym się podzielić z Tobą bardzo osobistą historią. Jakiś czas temu miałam w życiu poczucie, że utknęłam, że nie rozwijam się tak, jak planowałam. Sprawy nie przybierały takiego obrotu, jakbym chciała. Niby robiłam wszystko, czego się nauczyłam przez poprzednie lata, ale nie czułam efektów. Postanowiłam pomedytować z intencją odnalezienia rozwiązania. Często tak robię. W medytacji przyszła do mnie wizja, w której opowiedziała się wręcz cała historia. Dziś chciałabym opowiedzieć ją Tobie.

W pudełku

Zobaczyłam larwę w pudełku — gąsienicę, która bardzo cierpiała. Wręcz czułam jej ból. Gąsienica czuła, że coś jest nie tak, ale nie wiedziała, co się dzieje. Ukryła się więc w najgłębszym kącie swojego pudełka, pod liściem. Myślała, że umiera i właśnie z taką intencją, schowania się w chwili kiedy czuła się najsłabsza, poraniona i cierpiąca, znalazła schronienie ukrywając się przed światem. Jednak to nie była śmierć gąsienicy. To zaczynała się jej transformacja. W samotności, bólu i cierpieniu przemieniła się w pięknego motyla. Gąsienica nie wiedziała co się z nią dzieje. Cierpiała i dlatego myślała, że umiera, a to nadchodziły zmiany, o których gąsienica jeszcze nie miała pojęcia.

Zmiany w naszym życiu czasami bolą. Musimy pożegnać stare, by przywitać nowe, a to nie zawsze jest łatwe. Ból czasem jest fizyczny, jak na przykład przy porodzie, a czasem jedynie psychiczny.

Transformacja

Wróćmy jednak do gąsienicy... Gdy dokonała się zmiana, w której myślała, że umiera, okazało się, że jest przepięknym motylem. Rozprostowała więc skrzydła i zaczęła latać, ciesząc się nowymi możliwościami i tym, że przetrwała. Latała po swoim pudełku i latała, aż w pewnym momencie doleciała do krawędzi. Zobaczyła, że tam coś jest. Wyjrzała przez niewielką dziurę w pudełku. Zdała sobie sprawę, że świat, w którym żyje i wolność, którą się cieszy, to jednak nie wszystko, że jest coś więcej. Zrozumiała, że świat jest większy, niż jej się wydawało i zamarzyła znaleźć się tam. Zaczęła obserwować motyle latające na zewnątrz i je naśladowała. Marzyła o wydostaniu się z pudełka. Latała codziennie w miejsce, z którego mogła obserwować świat poza nim, a ruch jej skrzydeł sprawiał, że otwór robił się coraz większy, choć gąsienica nie zdawała sobie z tego sprawy. Aż któregoś dnia, gdy poleciała obserwować świat poza pudełkiem, okazało się, że otwór jest na tyle duży, że może się przez niego przedostać i wyfrunęła.

Poza pudełkiem

Ach jakże była szczęśliwa, że może cieszyć się nowo zdobytą wolnością i przestrzenią tak dużą, jakiej nie była sobie w stanie wyobrazić gdy była w pudełku. Obserwowała inne motyle. Latała razem z nimi. Poznawała nowe obszary swojej przestrzeni. Raz odważyła się polecieć za najpiękniejszym z motyli. W pewnym momencie zniknął jej na chwilę z oczu za liściem. Gdy się pojawił, próbowała znów podążyć za nim, ale okazało się, że nie może. Najpiękniejszy motyl odfrunął, a ona czuła, jakby jakaś niewidzialna ściana oddzielała ją od miejsca, gdzie poleciał. Zaczęła badać tę przeszkodę. Czuła, że utknęła, bo zobaczyła, że jednak jest coś więcej.

Widziała tę dalszą przestrzeń cały czas, wiedziała już, że inne motyle latają tam, jednak on czuła, że nie może iść dalej, że oddziela ją od upragnionego świata jakaś niewidzialna bariera.

Próbowała zrobić to samo co wtedy, gdy była w pudełku. Podlatywała do bariery, tym razem niewidzialnej, i próbowała ruchem skrzydeł ją przesunąć. Tym razem jednak to nie działało. Obserwowała inne motyle, które przez swobodnie się przemieszczają i nie wiedziała co ją różni od reszty. Teoretycznie robiła wszystko dobrze i tak jak inni, a jednak ona nie potrafiła przedostać się na drugą stronę. Pewnego dnia spotkałam motyla, za którym podążyła pierwszym razem. Zdobyła się na odwagę, by go zapytać o to, jak on to robi, że z taką swobodą i lekkością przechodzi dalej, a ona nie może. Motyl zdradził jej sekret, że w tej niewidzialnej przeszkodzie też jest luka. Trzeba wiedzieć, gdzie i jak w nią wejść, by się przedostać na drugą stronę. Pokazał, jak to się robi, a gąsienica, która już była pięknym motylem, podążyła za nim. Gdy spojrzała za siebie i zobaczyła, że była uwięziona w akwarium. Nie widziała ścian zbudowanych ze szkła. W akwarium dostrzegła swoje stare pudełko, z którego wyszła i zrozumiała, że ruchem skrzydeł była w stanie powiększyć szczelinę, bo tektura jest lekka. Nie było zatem możliwość w ten sam sposób pokonać szklaną przeszkodę. Gdy obejrzała się za siebie, zobaczyła, że są tam także pudełka innych motyli oraz jeszcze więcej pięknych stworzeń latających po akwarium, które nie miały jeszcze świadomości, że poza nim jest coś więcej.

Pokonać przeszkody

Po raz kolejny poczuła się niesamowicie szczęśliwa i wolna. Jednak po jakimś czasie odkryła, że historia się powtarza. Inne motyle fruwają tam, gdzie ona nie potrafi. Tym razem wiedziała już, co powinna zrobić. Odnalazła motyla, który umie pokonywać bariery oraz przeszkody i poprosiła go, by ją tego nauczył. Dzięki temu opuściła pokój, w którym znajdowały się pudełko z akwarium.

Niedługo potem również przy pomocy innych motyli odkryła, że pokoi jest więcej, że można się pomiędzy nimi przemieszczać, a nawet, że pokoje są częścią budynku i także może go opuścić. To tam, poza murami budynku czekała na nią prawdziwa wolność bez barier i ograniczeń. Zobaczyła, jak fantastyczny jest świat poza ścianami i postanowiła pomagać innym motylom odkryć jego piękno. I tak jak kiedyś inne motyle pokazywały jej, jak pokonywać bariery i blokady, przed którymi stawała, tak teraz ona zaczęła robić to samo.

I tak zakończył się mój sen, wizja, która miałam w czasie medytacji.

Czy przypomina Ci ona coś?
Czy widzisz analogię?

Jak wyrwać się z klatki

To my jesteśmy jak te gąsienice. Często zaczyna się od pierwszej transformacji, od sytuacji, w której myślimy, że umieramy, że jest tak źle. Często jest to depresja, bardzo trudna sytuacja życiowa jak utrata kogoś, rozwód albo choroba. Gdy jesteśmy w samym środku tej trudnej sytuacji, nie widzimy piękna transformacji, która się dzieje. Myśleliśmy, że umieramy psychicznie a niekiedy nawet fizycznie. Z czasem jednak nabieramy dystansu i potrafimy dostrzec dany moment jako ten przełomowy w naszym życiu — ten, który sprawił, że zaczęłyśmy żyć pełnią życia, dostałyśmy skrzydeł jak gąsienica zamieniająca się w motyla.

A czy potem nie jest podobnie?

Gdy już latamy wolne, rozwijamy się, jak często napotykamy w życiu bariery? Jak często czujemy, że utknęłyśmy gdzieś i nie wiemy, co zrobić, by iść dalej? To są te momenty, w których myślimy, że rozwój osobisty nie działa. Niby robimy wszystko tak, jak należy, ale nie zdajemy sobie nawet sprawy, że jest inny punkt widzenia, odmienna perspektywa.

Dlatego potrzeba nam innych motyli znających już drogę, którą chcemy podążać, by nam podpowiedziały, jak iść dalej. W takich chwilach warto mieć mentora, motyla, który cię poprowadzi i podzieli się z Tobą swoim sposobem pokonywania przeszkód, abyś i Ty mogła wreszcie opuścić swoją klatkę na motyle.

W magazynie Life Power przedstawiamy Ci wielu różnych mentorów, trenerów, coachów i osób, które inspirują. Dzielą się chętnie swoją wiedzą, doświadczeniem i metodami, dzięki którym doszły w to miejsce, w którym być może Ty chcesz być. Korzystaj z nich za każdym razem kiedy masz wrażenie, że rozwój osobisty nie działa. Znajdź właściwego mentora, przewodnika, coacha, psychologa, terapeutę i znajdź właściwą dla siebie metodę. Jeśli nie zadziała, spróbuj innej. Te osoby przeszły już drogę z punktu, w którym Ty byłaś lub jesteś teraz, do miejsca, w którym chcesz się znaleźć, więc podążaj za nimi.

Mój mentor

W tym miejscu pragnę Ci też przedstawić jednego z moich mentorów, a właściwie mentorkę, bez której nie byłabym w tym miejscu moje życiowej drogi, w jakim jestem teraz. Pani Iwona Majewska-Opiełka jest osobą, którą wprowadziła rozwój osobisty do Polski wiele, lat temu. To ona pokazała mi podejście do rozwoju przez pryzmat kobiety, Polki mieszkającej na emigracji, a tego wówczas potrzebowałam. Pani Iwona nie jest zwykłym psychologiem. Pracuje nie tylko z umysłem, ale i z duszą. Uczy jak codziennie wnosić dobrą energię do swojego życia i do świata.

Teraz masz szansę rozpocząć nowy, 2024 rok z przewodnictwem Pani Iwony. Ponieważ już 7 grudnia startuje kolejna edycja kursu online **"Mój najlepszy rok 2024"**. Szczegóły na stronie obok.

Agnieszka Troć

Zeskanuj kod i zobacz szczegóły

Mój najlepszy rok 2024

IWONA MAJEWSKA-OPIEŁKA
ŻYJMY CORAZ LEPIEJ

Babeczki Tiramisu

Ela Byrne

Składniki :

na 12 sztuk

- 200g margaryny
- 200g jasnego brązowego cukru
- 4 średnie jajka (roztrzepane widelcem w osobnej misce)
- 200g mąki tortowej (przesianej)
- 2 łyżeczki kawy granulowanej
- 30g cukru pudru
- 5 łyżek wody
- 2 łyżki drobno startej ciemnej czekolady (do posypania)

Krem śmietankowy:

- 300 ml śmietanki 36%
- 2 łyżki cukru pudru

Wykonanie:

- Rozgrzej piekarnik do 180°C i umieść 12 papierowych foremek w formie na babeczki.
- Margarynę i cukier ubij, aż masa będzie jasna i puszysta.
- Dodaj ubite wcześniej jajka i dalej miksuj, aż składniki się połączą,
- Następnie dodaj przesianą mąkę i dalej miksuj przez kolejną minutę.
- Rozdziel powstałą masę równomiernie pomiędzy papierowe foremki. (3/4 pojemności foremki).
- Piecz babeczki w nagrzanym piekarniku przez 18 minut lub do czasu, aż wyrosną i do tak zwanego suchego patyczka.
- Do małego rondelka wsyp granulki kawy, cukier puder, zalej wrzącą wodą i mieszaj, aż kawa i cukier się rozpuszczą. (w razie potrzeby delikatnie podgrzej).
- Następnie pozostaw do ostygnięcia na około 10-15 minut. Nasącz babeczki kawą. 8. Ubij śmietankę z cukrem pudrem (najlepiej sprawdza się ręczny mikser elektryczny, który pozwala kontrolować gęstość kremu).
- Gotowy krem śmietankowy umieszczamy w rękawie cukierniczym (wystarczy odciąć końcówkę woreczka, nie jest wymagana końcówka). Zaczynając od środka babeczki, stopniowo wyciskaj krem.
- Następnie udekoruj drobno startą czekoladą.

Ela Byrne
FB: Cakes by Ella

Jeśli chcesz wypróbować więcej fantastycznych przepisów Eli, zajrzyj do książki

„BAKE IT EASY! Irresistible, easy to follow recipes for every home baker"

Kupisz ją na AMAZONIE na całym świecie!

Life Power jest tworzony przez kobiety dla kobiet.
Jeśli są tematy, które interesują Cię szczególnie
- napisz do nas.

email: lifepower.magazyn@gmail.com
FB: Life Power
IG: @lifepower.pro

W celu nawiązania współpracy napisz do nas lub skontaktuj
się z zespołem redakcyjnym.

Zapraszamy także do prywatnej grupy na Facebooku

LifePower

biznes • finanse • relacje • rozwój • zdrowie • rodzina • otoczenie • relaks

Women's work zone - GRUPA

FB grupa: LifePOWER - Women's work zone

Kolejny numer magazynu

Life Power

już w styczniu 2024 r.

Przygotuj się na zmiany!

Printed in Great Britain
by Amazon

33473333R00023